Susanne Niemeyer

Herr Wohllieb sucht das Paradies

Susanne Niemeyer

Herr Wohllieb sucht das Paradies

40 Geschichten vom Glück

HERDER

FREIBURG · BASEL · WIEN

Herr Wohllieb hat zwei Paar Schuhe. Ein grünes und eins für besondere Tage. Das für besondere Tage sieht neuer aus.

Herrn Wohlliebs Mutter sagte immer: »Was neu ist, muss man schonen!« Und dann legte sie das just erworbene Küchentuch in den Schrank. Als sie starb, lagen dort 71 unbenutzte Tücher.

Was soll man mit so vielen Küchentüchern?, denkt Herr Wohllieb ratlos. Dann sieht er auf seine Schuhe hinab. Es sind die grünen.

Morgen, beschließt er, trage ich die anderen. Und dann wird das ein besonderer Tag.

***

1. Rhabarberbaiser

Der Tag, an dem Herr Wohllieb den Möglichkeitssinn entdeckt, ist ein Dienstag. Dienstag ist Sophie-Tag. Sophie-Tag bedeutet Rhabarberkuchen. Herr Wohllieb liebt Sophies Rhabarberkuchen, wegen der dicken Schicht Baiser.

»Ist Ihnen schon mal aufgefallen«, fragt Herr Wohllieb, »wie viele grüne Sachen es gibt?«

»Sicher«, murmelt Sophie, ohne von ihrem Kuchen aufzusehen, »grüne Wiesen, grüne Bäume.«

»Ja, aber auch Ampelmännchen, Wasabi-Nüsse und diese kleinen, grünen Käfer, die so schön metallisch glänzen.«

»Ach«, sagt Sophie. »Was werden Sie mit dieser Erkenntnis anfangen?«

»Das weiß ich noch nicht.« Herr Wohllieb macht eine unbestimmte Geste. Er hat noch nie verstanden, warum alle Dinge gleich auf ihren Nutzen hin geprüft werden müssen. »Man braucht ein Auge für so etwas. Es muss einem erst auffallen, bevor man etwas damit anfangen kann. Stellen Sie sich vor, Sie würden jeden Tag auf ein anderes Detail achten. Heute widme ich meine Aufmerksamkeit der Farbe Grün.«

»Weshalb nicht Gelb?«

»Grün gefällt mir besser. Aber Sie können auch Gelb nehmen. Am Mittwoch achte ich auf alles, was angenehm riecht, am Donnerstag auf das, was glücklich macht, am Freitag auf Sachen, die mit T beginnen, und am Samstag auf Dinge, die nichts kosten. Sonntag denke ich mir dann etwas Neues aus«, beschließt Herr Wohllieb seine

Aufzählung zufrieden. »Ich habe die leise Ahnung, es gibt eine Menge zu entdecken.«

10 Sachen, die nicht sind, aber sein könnten

1. *Weltfrieden*
2. *leicht abrollbare Frischhaltefolie*
3. *wechselseitiger Respekt*
4. *eine Päpstin*
5. *die Abschaffung des Papsttums, weil alle gleich sind*
6. *die Verrentung aller Despoten*
7. *pünktliche Züge und Wartesäle mit grasgrünen Sofas*
8. *Basilikum, der überlebt*
9. *Glück als Schulfach*
10. *einfach sagen: Ich habe mich geirrt*

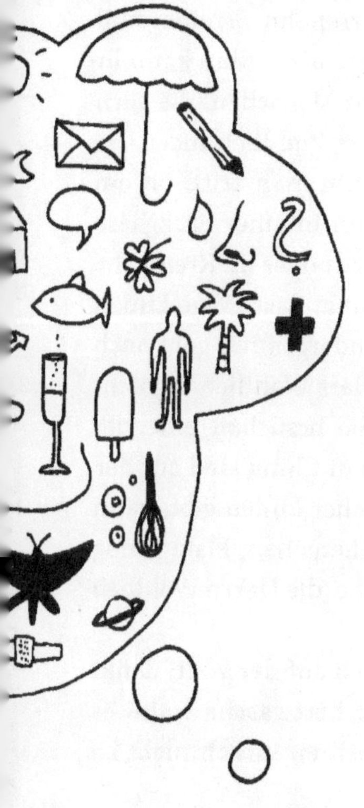

2. Bettwäsche

Herr Wohllieb mag gestreifte Bettwäsche. Er würde nicht in Punkten schlafen. Punkte verwirren ihn. Streifen sind gerade Linien, die von A nach B verlaufen. Man kann ihnen folgen, auch im Traum. Es gibt Menschen, die gern querfeldein gehen, so einer ist Herr Wohllieb nicht. Da muss man ständig aufpassen, wohin man tritt, ob ein Sumpf vor einem liegt oder ob man in einer Sackgasse landet, ob man auf eine Schlange tritt oder im Kreis geht.

Herr Wohllieb mag die Vorstellung, dass Wege Linien sind, Linien über die ganze Erde, und irgendwo geht noch jemand auf derselben Linie, und Herr Wohllieb ist nicht allein. Das Wissen reicht ihm. Sie brauchen einander nicht zu treffen, er und der Mann in China sind auf derselben Linie. Und weil es viele solcher Linien gibt, kann man auch einfach nebeneinander hergehen, Platz genug ist ja, und Platz ist eine andere Sache, die Herrn Wohllieb glücklich macht.

Einen Platz braucht jeder Mensch auf der Welt, denkt Herr Wohllieb, und ein Bett und Bettwäsche sollte es auch für alle geben. Das kann doch eigentlich nicht so schwer sein.

10 Sachen, die verbinden

1. *ein grundloses Lächeln*
2. *das Internet*
3. *die Parallelität der Dinge (in Saskatchewan wäscht jemand ab und in Bottrop auch)*
4. *gelbe Jakobsmuscheln an Bäumen, Mauern, Laternenpfählen*
5. *eine Übereinkunft (nicht zu töten, sich einen guten Tag zu wünschen)*
6. *Fahrpläne*
7. *der Mond (von überall zu sehen)*
8. *Ich-liebe-dich in 7186 Sprachen*
9. *Stolpersteine*
10. *die Luft zum Atmen*

3. Butterblumen

»Was ich mich frage, ist«, beginnt Herr Wohllieb, »ob es wohl mehr glückliche oder mehr unglückliche Menschen gibt.«

»Und?«, fragt Sophie, »was denken Sie?«

»Ich denke«, sagt er, »es gibt mehr glückliche Menschen. Sie wissen es nur nicht. Mich zum Beispiel macht eine Tasse Kaffee mit gesüßter Sahne glücklich oder das Nachlassen eines Juckreizes. Heute Morgen befand ich mich eine Weile Auge in Auge mit einem Buchfinken. Er sah mich so forschend an, als wollte er abwägen, ob eine Bekanntschaft mit mir lohnenswert wäre. Und dann roch ich den Frühling, gemischt mit dem Geruch eines Waschmittels, und plötzlich sah ich Butterblumenwiesen vor mir – und auch wenn ich wusste, dass das ein Bild der Werbung ist, war es dennoch schön.«

Sophie nickt. »Aber es ist nichts Besonderes, oder? Das können Sie jeden Tag haben.«

»Das ist es ja!«, sagt Herr Wohllieb. »Was, wenn gar nicht das Glück das Besondere wäre, sondern das Unglück? Das einem deshalb so riesig und so ungeheuerlich vorkommt, weil es die Ausnahme ist? Vielleicht ist das Glück das Alltägliche, und wir vergessen bloß, es wahrzunehmen. So wie wir vergessen, über Butterblumen zu staunen.«

Und weil Herr Wohllieb Herr Wohllieb ist, meint er es genauso, wie er es sagt.

10 Alltagsglücklichkeiten

1. *eine spiegelglatte Wasserfläche zum Hineinspringen*
2. *der Geschmack der ersten Erdbeere im Juni*
3. *das frische Gefühl nach einer Zahnreinigung*
4. *stumm geschaltete Smartphones*
5. *Willkommensszenen auf Bahnhöfen*
6. *ein gelungener Kompromiss*
7. *lange gehen und plötzlich das Gefühl haben, gegangen zu werden*
8. *Tiere, die lustige Sachen tun (die sie selbst wahrscheinlich gar nicht lustig finden)*
9. *die Abwesenheit von Schmerz*
10. *plötzlich einen Gedanken denken, den du noch nie zuvor gedacht hast*

4. Leichtsinn

Dass Herr Wohllieb ein leichtsinniger Mensch sei, kann man nicht behaupten. Eher im Gegenteil. Aber was ist das Gegenteil von Leichtsinn?

»Schwermut«, schlägt Sophie vor. Herr Wohllieb ist nicht sicher, ob das stimmt. Denn schwermütig ist er nicht, obwohl es ihm tatsächlich manchmal schwerfällt, mutig zu sein. Es gibt Menschen, die balancieren auf Brückengeländern oder sie springen von einem hohen Berg, als wären sie Vögel. Herr Wohllieb ist kein Vogel, so viel ist sicher. Wenn schon, dann wäre er eher ein Erdmännchen. Vielleicht auch ein Igel, weil ein Igel sich zu schützen weiß und niemals so tun würde, als könnte er fliegen. Außer im Kopf. Und das ist etwas ganz anderes. Herr Wohllieb unternimmt regelmäßig Ausflüge im Kopf, denn da kann nichts passieren, jedenfalls nichts, das einem den Hals bricht. Auf der anderen Seite kann gerade im Kopf sehr viel passieren. Genau genommen spielt sich darin schließlich das ganze Leben ab. Herr Wohllieb unternimmt jeden Morgen eine Reise durch seine Gedanken; vorzüglich geht das auf einem Daunenkissen, wenn der Tag noch frisch und die Geräusche gedämpft sind. Es ist eine so ungeheure Reise, und sie endet nie, weil hinter jedem Gedanken ein neuer Gedanke liegt und alle Richtungen möglich sind. Ist man zum Beispiel beim Thema Atomschmelze in eine Sackgasse geraten, wendet man sich einfach dem schönen Wort Alabasterglanz zu, und schon tauchen neue Gedanken auf. Und genau das ist wie fliegen, morgens um halb sechs.

10 Leichtsinnige Sachen

1. *etwas tun, ohne zu fragen, was es bringt*
2. *freundlich mit Fremden reden*
3. *eine Eintrittskarte verfallen lassen, weil du es dir anders überlegt hast*
4. *zwischen den Schritten kleine Hüpfer einlegen*
5. *ein Blind Date*
6. *einem Engel folgen*
7. *dich von einem Nein nicht schrecken lassen (auch nicht, wenn es das fünfzigste ist)*
8. *auf ein gutes Ende vertrauen (»und wenn es noch nicht gut ist, dann ist es noch nicht das Ende«)*
9. *einen Tag lang nichts planen*
10. *ohne Garantie leben*

5. Vorfreuen

Man müsste das Paradies finden, denkt Herr Wohllieb. Nicht erst nach dem Tod, sondern vor dem Tod. Wozu so lange warten? Dass das Paradies im Himmel sein soll, fand er schon immer unwahrscheinlich. Warum sollte Gott einen Wohnsitz gewählt haben, der so weit entfernt von allen anderen ist?

Wenn man glaubt, was geschrieben steht, hat Gott in einem jähen Anfall von Zorn die ersten Menschen vor die Tür gesetzt. Diese Tür müsste man finden. Denn es wäre doch möglich, dass Gott dahinter wartet, dass es Gott reut, die einzigen Nachbarn rausgeworfen zu haben. Am Anfang war es vielleicht noch angenehm, so ganz allein. Ruhig und ordentlich, niemand verschmutzt das Treppenhaus, aber irgendwann kann auch die aufgeräumteste Wohnung nicht mehr darüber hinwegtäuschen, dass man einsam ist. Selbst wenn sie ein Paradies ist.

Dann schafft man sich eine Katze an. Möglich, dass Gott eine Katze hat, denkt Herr Wohllieb, Tiere scheint Gott zu mögen. Immerhin hat Gott die Tiere vor den Menschen gemacht. Und wenn man eine Kellerassel vor einem pausbackigen Baby schöpft, dann muss man schon sehr tierlieb sein.

Aber niemand ist auf Dauer wirklich glücklich mit Kellerasseln, da ist sich Herr Wohllieb sicher. Außer man ist selber eine Kellerassel. Und deshalb beschließt er, die Tür zu suchen und zu läuten, ganz unverbindlich. Nachzufragen, wie es so geht und was die Levkojen machen und ob Gott nicht auf ein Stück Baiserkuchen vorbeikommen möchte, dann würde Gott auch Sophie kennenlernen. Sophie kann nämlich das Leben versüßen, meistens dienstags. Manchmal auch sonntags, das weiß man nie ganz genau. Aber das macht nichts, weil Herr Wohllieb sich auf Sophie freut, und dieses Freuen ist fast genauso gut wie die Treffen selbst.

Vielleicht, denkt Herr Wohllieb, geht es Gott genauso, und Gott wartet auf das Klingeln. Trotz der Katze und der Kellerasseln.

10 Gedanken über Gott

1. *Man hört eine Menge über ihn.*
2. *Aber wissen tut man nichts.*
3. *Manche sagen trotzdem, sie wissen, was Gott will.*
4. *Möglich, dass ihn das überrascht.*
5. *Oder sie.*
6. *Nach ihrem Namen gefragt, soll sie geantwortet haben:*
7. *Ich werde sein, wer ich sein werde.*
8. *Gott scheint also an die Zukunft zu glauben.*
9. *Trotz allem (Sintflut. Kreuzigung. Hexenverfolgung).*
10. *Nachtragend ist Gott also nicht.*

GOTT

6. Lücke

Als Herr Wohllieb wie gewöhnlich um fünf Uhr dreißig aufwacht, ist etwas anders. Draußen rauscht der Verkehr. Der Schlüssel hängt am Haken. Die Kaffeemaschine wartet darauf, eingeschaltet zu werden. Und trotzdem. Die verlässliche Vorfreude auf eine Tasse Kaffee mit einem halben Teelöffel Zucker ist über Nacht abhandengekommen. Das kennt Herr Wohllieb sonst nur von Halsschmerzen. Aber er hat keine Halsschmerzen, er fühlt sich kerngesund. Vielleicht ein bisschen unruhig. Er beschließt, seinen Puls zu messen, weil man das so macht, doch dann fällt ihm auf, dass er gar nicht weiß, wie schnell ein gesunder Puls zu schlagen hat. Er lässt seinen Arm wieder los. Unschlüssig schaltet er das Radio ein. Eine Weile steht er am Fenster, als er merkt, dass er gar nicht zuhört. Dass es ihm egal ist, welche Hits man in den 80ern, 90ern und 2000ern hörte. Er schaltet das Radio aus. Schlagartig ist es still. Was nun?

Er hat keine Pläne. Das Hafermüsli, das er seit 17 Jahren jeden Morgen mit einem kleinen Becher Zitronenjoghurt mischt, kommt ihm auf einmal fad vor. Stimmt etwas nicht mit ihm? Er sieht sich um, sieht an sich herab, selbst der Mint-Ton seines Mittwochspyjamas scheint verblasst zu sein. Er macht ein paar Kniebeugen. Der Holzboden knackt. Vielleicht sind es auch seine Knochen. Es ändert nichts. Eine Lücke hat sich aufgetan. Im Sonnenlicht sieht er die Staubkörnchen hineinrieseln.

Er beschließt, einen Spaziergang zu machen. Dabei kommt man auf andere Gedanken. Aber als er nach einer Stunde wieder in seine Wohnung zurückkehrt, liegt die Lücke immer noch da. Herr Wohllieb umrundet sie vorsichtig, und nachdem er eingesehen hat, dass sie sich nicht ignorieren lässt, setzt er sich vorsichtig an ihren Rand und lässt die Beine baumeln. Vor ihm liegt nichts. Er fragt sich: Ist das jetzt gut oder schlecht?

10 Schöne Lücken

1. *eine unerwartete Stunde Zeit*
2. *aufreißender Himmel*
3. *Zäune, durch die man schlüpfen kann*
4. *die Lücke im fließenden Verkehr, durch die man auf die andere Straßenseite gelangt, ohne die hundert Meter entfernte Ampel zu nutzen*
5. *Große Ferien*
6. *der Augenblick zwischen Wachen und Schlaf*
7. *das letzte Puzzleteil*
8. *die erste Zahnlücke im Leben*
9. *L-ü-c-k-e in »glücken«*
10. *der Atemzug vor einem entscheidenden Satz*

7. Ententeich

»Haben Sie einmal darüber nachgedacht«, fragt Sophie, »warum das Paradies eine Mauer hat?«

»Hat es denn?«, fragt Herr Wohllieb.

»Wenn es ein Tor gibt, wird es wohl eine Mauer geben oder einen Zaun oder eine hohe Hecke, sonst wäre das Tor ja unnütz. Dann könnte man an beliebiger Stelle eintreten. Außerdem wüsste man gar nicht, wo das Paradies anfängt und wo es aufhört.«

Über diesen Punkt hatte Herr Wohllieb noch nie nachgedacht.

»Stellen Sie sich vor«, fährt Sophie fort, »das Paradies wäre zu allen Seiten offen. Und Sie befänden sich gerade etwas jenseits der Hauptstraße, zwischen dem Ententeich und diesem Möbelgeschäft – und weil es keine Grenze gibt, würden Sie denken, Sie wären bereits im Paradies, obwohl es eigentlich fünf Kilometer weiter nördlich beginnt. Also hypothetisch gesprochen.«

»Und?«

»Vielleicht würden Sie den Ententeich mit anderen Augen betrachten, die Bank, auf der Sie säßen, die Stockenten, die Radfahrer, den Wiesenkerbel. Dann wäre es gar nicht schwer, hineinzugelangen ins Paradies, und andererseits auch wieder doch. Denn es wäre etwas für die Geübten, jene, die die Perspektive wechseln können. Sie bräuchten nicht mehr herumzuirren auf der Suche nach einem Tor, das es gar nicht gibt.«

»Man könnte es allen sagen ...«, schlägt Herr Wohllieb vor.

»Ja«, nickt Sophie, »das könnte man, aber manche Menschen können nicht leben ohne ein Tor und ohne eine Mauer, die das eine vom anderen trennt. Es ist ja auch nicht leicht ...«

10 GRENZENLOSE SACHEN

1. *Luft*
2. *Liebe*
3. *Lust auf Schokolade*
4. *Neugier*
5. *Unendlichkeit*
6. *die Zahl Pi*
7. *das Universum (Stand heute)*
8. *Gott*
9. *die Vermehrung der Mücken*
10. *der süße Brei (im Märchen)*

8. Goldfisch

Jeder Tag könnte ein Anfang sein, selbst der Tag des Sterbens. Bisher war Herr Wohllieb darauf bedacht, alles zu Ende zu bringen. Er isst das Brot bis zum Knust. (Nur manchmal bringt er den Knust den Enten, aber seitdem er gehört hat, dass man keine Enten füttern soll, isst er ihn wieder selbst.) Er liest ein Buch vorschriftsmäßig zu Ende, weil der Autor ja nun mal nicht auf Seite 173 aufgehört hat zu schreiben, sondern auf Seite 210. Es macht ihn fast verrückt, wenn Leute mitten im Satz aufhören zu reden. Warum tun sie das? Es stehen doch genügend Wörter zur Verfügung.

Man kann die Welt vom Ende her betrachten oder vom Anfang. Das Ende scheint Herrn Wohllieb vertrauenserweckender. Anfänge verunsichern ihn. Da weiß man nie, was noch kommt.

Herr Wohllieb hat plötzlich den waghalsigen Gedanken, dass es jetzt an der Zeit sein könnte, sich dem Anfang zuzuwenden. Deshalb sagt er zu Sophie: »Ich werde Anfänger.« Bevor er es sich anders überlegt.

»Gut«, antwortet Sophie. »Womit beginnen Sie?«

»Ich weiß es nicht«, sagt Herr Wohllieb, »auch darin bin ich Anfänger.«

Sophie nickt.

»Ich könnte die Dinge einfach so betrachten, als sähe ich sie zum ersten Mal«, überlegt Herr Wohllieb.

»Angeblich haben Goldfische ein Erinnerungsvermögen von zehn Sekunden«, sagt Sophie. »Also sind Goldfische die wahren Anfänger.«

Am Abend beschließt Herr Wohllieb, ab sofort zwei Stunden am Tag ein Goldfisch zu sein.

10 einfache Anfänge

1. *am Morgen mit dem ersten Vogel singen*
2. *ein neues Kapitel beginnen*
3. *Kresse säen und warten*
4. *mittwochs eine neue Woche beginnen – oder donnerstags*
5. *aufstehen*
6. *etwas nicht wissen und »wieso, weshalb, warum« fragen*
7. *einen Satz in einer fremden Sprachen lernen*
8. *Ja sagen*
9. *Nudeln kochen (wenn du Kochen lernen willst)*
10. *Strichmännchen malen*

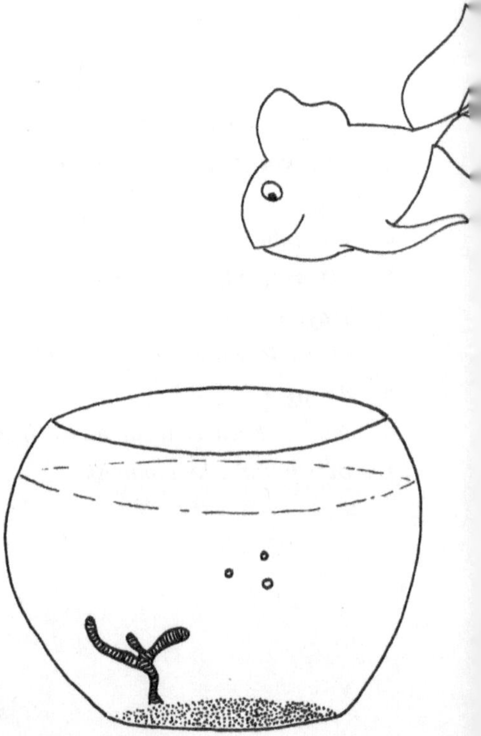

Anfänger!

9. Staunen

Was Herr Wohllieb besonders gut kann, ist staunen. Er hat keine Ahnung, wie man ein Brot backt oder einen Fahrradreifen flickt. Er kann kein Rad schlagen und konnte es auch noch nie. Er kann die Abseitsregel nicht erklären, er kann nicht lange auf einem Bein stehen, und er kann auch nicht so tun, als wüsste er etwas, das er nicht weiß. Aber Herr Wohllieb kann staunen – und das kann nicht jeder, weil man dafür Zeit braucht.

Wenn man in Eile ist und im Geiste bereits den nächsten Urlaub plant, dann übersieht man einiges. Zum Beispiel begegnet einem ein Panflöte spielender Hund, und man denkt »Schon wieder so ein freilaufender Köter« oder »Hoffentlich spielt er nicht ›El condor pasa‹« – und schon ist man vorbei, hat die Straße überquert und wird von der Masse anderer eilender Menschen verschluckt. Und das wäre doch schade, denn ein Hund, der Panflöte spielt, ist etwas, das man nicht alle Tage sieht. Und auch wenn man weder Hunde noch Panflöten mag, ist ihr Anblick in Kombination etwas Besonderes. Manchmal blitzt so ein Moment auf, und dann muss man stehen bleiben, dann muss man aussteigen, mitten auf der Strecke. Sonst ist der Moment vorüber und der Hund verschwunden.

Herr Wohllieb würde dem Hund eine Weile zuhören, freundlich Applaus spenden und sich fragen, warum er nicht eine Trommel gewählt hat, was doch für Hundepfoten deutlich einfacher wäre. Dann würde er sich womöglich töricht nennen, weil er selbst in der Dusche auch lieber russische Arien singt, obwohl ein Kinderlied einfacher wäre. Der Hund wird eben eine sehnsüchtige Seele haben. Genau wie Herr Wohllieb.

10 ZWECKLOSE SACHEN, DIE WUNDERBAR SIND

1. *die Befriedigung, die Folie des Nutellaglases einzustechen*
2. *in eine eisüberzogene Pfütze treten, dass es knackt*
3. *Luftpolsterfolie zerdrücken*
4. *eine Kuhzunge oder eine Katzenzunge auf der Hand spüren*
5. *Weintrauben im Mund zerplatzen lassen*
6. *Klebstoff von den Fingern knibbeln*
7. *Kartenhäuser bauen*
8. *Badeschaum langsam zwischen den Händen zusammendrücken und auseinanderziehen*
9. *die Sonnenblumenkerne vom Brötchen pulen*
10. *Wattschlick zwischen den Zehen hervorquellen lassen*

10. Paradies

»Ich glaube«, beginnt Sophie, »Ihrem Gott gefällt das Paradies besser ohne Mauer. Wer will schon in einem Garten sitzen, der ein Gefängnis ist?«

»Er ist ja groß, dieser Garten«, wendet Herr Wohllieb ein.

»Auch ein großes Gefängnis bleibt ein Gefängnis. Und wozu wäre die Mauer da? Sperrt sie etwas aus, oder sperrt sie etwas ein?«

»Sie beschützt das Wahre, Schöne, Vollkommene«, schlägt Herr Wohllieb vor.

»Nein, nein«, widerspricht Sophie. »Das Wahre, Schöne, Vollkommene wird viel nötiger draußen gebraucht, in der Welt. Da fehlt es doch. Denken Sie an die Geschirrtücher Ihrer Mutter. Man muss sie benutzen, wozu sonst sind sie da? Man muss damit leben, dass sie sich abnutzen. Dass sie beschmutzt werden. Dass sie reißen. Ich glaube, Ihr Gott weiß das, deshalb hat er eines Tages die Mauer eingerissen. Das Paradies findet mit allen statt.«

Herrn Wohllieb wird ein bisschen unwohl bei dem Gedanken, denn er mag geordnete Verhältnisse. In seinem Schrank zum Beispiel gibt es ein Fach für warme Socken und ein anderes für mittelwarme Socken. Seine Bücher sind nach Farben geordnet, und in einen Pfefferstreuer würde er niemals Salz füllen. Es würde ihn schmerzen, wenn das jemand durcheinanderbrächte, aus Unachtsamkeit oder aus Mutwillen.

»Vielleicht lebt Ihr Gott mit diesem Schmerz jeden Tag«, sagt Sophie. »Und will es trotzdem so.«

»Oh«, sagt Herr Wohllieb und erschrickt.

10 Sachen zum Aufrichten

1. *Blumenranken nach dem Regen*
2. *geknickte Herzen*
3. *der eigene Rücken*
4. *ein Zelt vor dem Regen*
5. *mutlose Freund*innen*
6. *einen Schutzwall (aus Sandsäcken bei drohender Flut, aus dickem Fell bei anderen Angriffen)*
7. *einen Weihnachtsbaum (am 24.12.)*
8. *die Nackenhärchen (geschieht von selbst)*
9. *das eigene Weltbild*
10. *den Jengaturm, das Kartenhaus, die Dominosteine, nachdem ein Elefant das Zimmer gequert hat*

11. Enttäuschung

Herr Wohllieb steht beim Bäcker, um ein Plunderteilchen zu kaufen. Freitags ist Plunderteilchentag. Beim Hinausgehen hört er einen Mann sagen: »Das habe ich mir aber anders vorgestellt.« Es klingt vorwurfsvoll. Herr Wohllieb bekommt nicht mehr mit, was dieser Mann sich anders vorgestellt hat, vielleicht seine Ehe oder eine im Internet bestellte Couchgarnitur, möglicherweise das ganze Leben. Auch das kann man sich ja anders vorgestellt haben, es gibt keine Garantieleistung. Man kann niemanden verklagen außer vielleicht Gott, aber auch da ist der Ausgang ungewiss.

Herr Wohllieb denkt im Weitergehen über diesen Satz nach und über den vorwurfsvollen Ton des Mannes. Er hätte ihn gern gefragt, an wen sein Vorwurf sich richtet. Denn von was auch immer er enttäuscht ist, das Versagen scheint doch auf seiner Seite zu liegen. So hat er es sich nicht vorgestellt. Hätte er es sich anders vorgestellt, wäre alles gut.

Herr Wohllieb würde den Mann gern trösten. »Hören Sie«, würde er sagen, »kein Mensch kann sich alles richtig vorstellen. Eine Zeit lang habe ich es versucht, ich wollte die Welt meinen Vorstellungen anpassen. Aber das ist ein mühsames Geschäft. Man kommt zu nichts anderem mehr. Ich wurde regelrecht depressiv. Deshalb habe ich damit aufgehört. Ich lasse mich einfach überraschen. Plunderteilchen gefällig?«

10 Sachen, die anders sind als gedacht

1. *Gott (nicht logisch)*
2. *erwachsen sein (auch nicht logisch)*
3. *sterben (von außen betrachtet nicht so leicht)*
4. *lieben (von innen betrachtet nicht so leicht)*
5. *in einem Sterne-Restaurant essen (mühsam)*
6. *1000 Kilometer gehen (weniger mühsam)*
7. *wagemutig sein (merkwürdig unspektakulär)*
8. *zum neunten Mal in Norwegen reisen (immer noch spektakulär)*
9. *lackierte Fingernägel (halten nie)*
10. *seidene Fäden (halten öfter als gedacht)*

12. Vermissen

»Möglicherweise«, sagt Herr Wohllieb zu Sophie, »liegt das Paradies im Kopf. Dann hätte man jederzeit freien Zutritt, und die Suche hätte ein Ende.«

Sie sitzen auf einer Sommerwiese, und Herr Wohllieb muss niesen, wegen der Gräser oder wegen der ungewohnten Perspektive. Gräser sollten auf Kniehöhe stehen und nicht auf Augenhöhe. Überhaupt fühlt sich Herr Wohllieb drinnen wohler als draußen.

»Bei Ihnen spielt sich alles innen ab«, sagt Sophie. »Im Kopf. Aber der Mensch ist kein Kopffüßler.«

Herr Wohllieb bedauert das. Er fand schon immer, dass all die Gliedmaßen, Venen und Herzklappen etwas viele Verästelungen sind. Zu viel Material, störanfällig obendrein, das man pflegen und warten und putzen muss und von dem man nie so genau weiß, was es gerade tut. Deshalb hält sich Herr Wohllieb gern in seinem Kopf auf. Das funktioniert ganz gut, hat aber einen Nachteil: Er ist allein dort. Natürlich kann er sich nach Belieben andere Menschen vorstellen, Sophie oder Friedrich den Weisen, den er gern einmal treffen würde, und auch Gott hat er schon an seinen Tisch gesetzt. Aber sie alle blieben freundliche Marionetten, wartend auf Herrn Wohlliebs Gedanken. Kein unbekanntes Wort kam über ihre Lippen, kein Einspruch, den er nicht schon kannte. Sie waren stets Herrn Wohlliebs Willen zu Diensten, und auch wenn das für eine Weile ein angenehmer Zustand ist, lässt er Herrn Wohllieb unbefriedigt zurück wie der klebrige Nachgeschmack von zu viel Zuckerwatte. Etwas fehlt.

10 Sachen, die man nicht allein machen kann

1. *sich kitzeln*
2. *einen Gedanken mitteilen, den man selbst nicht kennt*
3. *sich selbst reanimieren*
4. *wippen*
5. *ein Kind*
6. *sich beerdigen*
7. *sich mit einem Spontanbesuch überraschen*
8. *sich etwas ins Ohr flüstern*
9. *synchronschwimmen*
10. *einen Kanon singen*

13. Herzschlag

»Wir fahren«, sagt Sophie. Vor dem Haus steht ein roter Kastenwagen, den Herr Wohllieb noch nie gesehen hat, weil Sophie den Kuchen immer mit dem Fahrrad bringt.

»Können Sie denn fahren?«, fragt er, obwohl das genau genommen nicht die drängendste Frage ist, aber die anderen sind komplizierter. Herr Wohllieb muss sich eingestehen, dass er sich noch nie gefragt hat, wie Sophies Leben jenseits der Dienstagnachmittage aussieht.

»Ja«, sagt sie, »seit 37 Jahren. Vergessen Sie Ihren Pyjama nicht.«

Herr Wohllieb spürt kleine Schweißperlen im Nacken.

»Wie meinen Sie das? Wohin fahren wir?«

»Wir fahren nicht hin, wir fahren weg. Es ist Zeit, dass Sie Ihren Kopf verlassen.«

Herr Wohllieb möchte einwenden, dass er sich dort ziemlich sicher fühlt, aber Sophie hat ihn bereits sanft Richtung Schlafzimmer geschoben. Weil er nicht will, dass sie ihm dorthinein folgt, schließt er die Tür und holt aus dem Schrank seinen Pyjama und einen wasserabweisenden Merinopullover, den er mangels Notwendigkeit noch nie getragen hat.

Herr Wohllieb ist noch nie verreist außer zur Beerdigung seiner Großtante, die unverständlicherweise in ein Eifeldorf gezogen ist, als sie 73 wurde. Aber da war keine Übernachtung nötig, weil die Tante in einem Sarg lag und keinen Wert mehr auf ausgedehnte Treffen legte.

Diesmal scheint der Fall anders zu liegen. Sophie fährt dreieinhalb Stunden Richtung Westen, biegt in einen

Feldweg ein, fährt dann bis zu einer Pferdekoppel am Waldrand und stellt den Motor ab.

»Hier bleiben wir«, sagt Sophie.

»Warum?«, fragt Herr Wohllieb, bekommt aber keine Antwort.

In der Nacht quakt ein Frosch. Es raschelt. Ein Vogel macht Schuhu. Sophie atmet. Die Tannen rauschen. Irgendwas krabbelt über Herrn Wohlliebs Arm. Ein Herz schlägt. Und ein anderes gleich nebenan. »Ich lebe«, denkt Herr Wohllieb und schläft zufrieden ein.

10 Sachen, die beweisen, dass du lebst

1. *der Kniesehnenreflex*
2. *das unwillkürliche Lächeln beim Anblick eines Pandabären*
3. *heimliche Tränen beim Hören des Märchens vom Mädchen mit den Schwefelhölzern*
4. *Mitleid*
5. *Speichelfluss beim Anblick eines Menschen, der in eine Zitrone beißt*
6. *der Wunsch, geliebt zu werden*
7. *eingreifen zu wollen, wenn etwas Ungerechtes geschieht*
8. *die Fähigkeit, das Smartphone auszuschalten*
9. *eine wie auch immer geartete Reaktion auf einen reifen Camembert*
10. *der Klang der eigenen Stimme*

14. Öffnen

In Herrn Wohllieb ist alles aufgeräumt. Die Liebe liegt in einem Fach und die Vorliebe für Erdbeeren liegt daneben. Die Erinnerungen haben wieder ein anderes Fach. Auch für die Wut gibt es eins, aber nur ein kleines, weil Herr Wohllieb Wut nicht gern aufhebt.

Sophie findet diese Aufteilung merkwürdig, weil die Liebe und die Wut doch manchmal durcheinanderpurzeln und weil zu Erdbeeren Sahne gehört und zur Sehnsucht ein Ziel. Man kann das alles nicht fein säuberlich trennen, dann lebt man nicht. Dann verwahrt man nur.

»Kommen Sie«, sagt Sophie, »öffnen Sie eine Schublade für mich.«

Aber Herr Wohllieb hat Angst, dass Sophie alles durcheinanderbringt und er am Ende nicht mehr weiß, wo ihm der Kopf steht und wo das Herz.

10 CHAOTISCHE SACHEN

1. *das Gewirr eines Ameisenhaufens (anscheinend)*
2. *die Liebe*
3. *Sockenschubladen*
4. *die Spuren von Schnecken*
5. *Konfetti in der Luft*
6. *unser Sonnensystem*
7. *das Muster eines Zebras*
8. *der Kopf einer Dreizehnjährigen (oft)*
9. *Wartende an einer deutschen Bushaltestelle*
10. *Gedanken vor ihrer Vollendung*

15. Glück

»Sind Sie glücklich?«, fragt Sophie.

Herr Wohllieb räuspert sich umständlich. Das ist die Art von Fragen, die ihn verunsichert. Wenn ihn nicht alles täuscht, ist Glück ein Gefühl. Herr Wohllieb ist nicht gemacht für Gefühle, und bisher konnte er sie in seinem Leben ganz gut ausblenden. Wenn man alles gut sortiert, geht es auch so. Gefühle sind unberechenbar und entziehen sich jeder Ordnung. Und das beunruhigt ihn. Was ihn beruhigt: Das Ticken der Wanduhr. Auf sie ist Verlass. Das Rauschen der Pappeln. Ziehende Wolken. Tee um halb zehn und eine Tageszeitung. Brot mit Butter und Käse. Das Studieren von Fahrplänen.

Er wäre nie auf die Idee gekommen, das als Glück zu bezeichnen, aber vielleicht ist es Glück. Ein ruhiges, in die Jahre gekommenes Glück, wie ein altes Ehepaar. Jedenfalls redet er sich das ein, denn die andere Möglichkeit ist beängstigender. Verwirrender. Gefährlicher. Vielleicht hat er sich in einer Klaglosigkeit eingerichtet, die vieles verschließt. Alles, was groß und überraschend ist, was einen links von der Seite anspringt und wieder verschwindet. Was weder gleichmäßig ist noch von Dauer. Was, denkt er, wenn Glück das Gegenteil von Symmetrie ist? Wenn Glück wie Schlagsahne ist, wie Eischnee, wie Baiser, nicht für die Dauer gemacht? Herr Wohllieb mag Baiser. Aber Baiser ist auch nicht bedrohlich.

10 Sätze zum Zweifeln

1. *Ich weiß, was gut für dich ist.*
2. *Dieses Angebot mache ich nur Ihnen.*
3. *Ich rufe dich an. (Nach einem Date)*
4. *Ich wollte dich gerade anrufen. (Bei einem zufälligen Wiedersehen)*
5. *Gott will das so.*
6. *Dieser Krieg ist alternativlos.*
7. *Das verstehst du nicht.*
8. *Dafür ist wirklich kein Geld da.*
9. *Das liegt in der Natur der Frau (oder des Mannes).*
10. *Das muss so.*

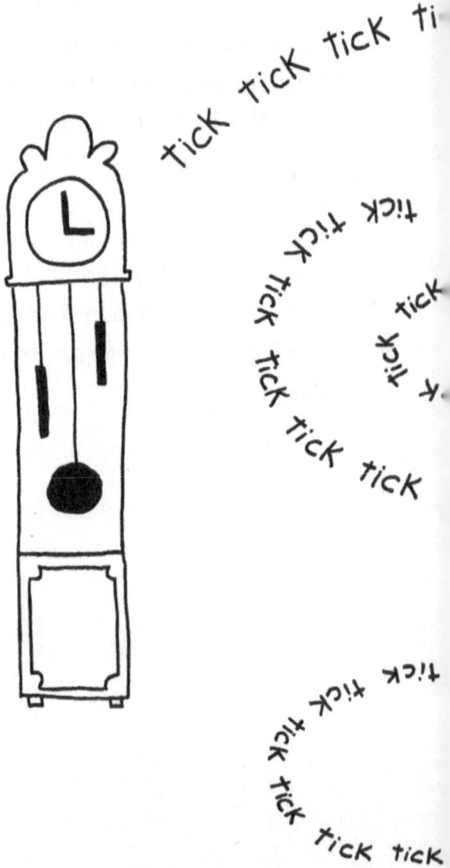
tick tick tick
tick tick tick tick tick tick
tick tick
tick tick tick tick tick tick

ck tick tick tick tick tick

tick tick tick tick tick tick tick tick tick tick tick tick tick tick tick tick tick tick tick tick tick tick tick

tick t tick tick

tick tick tick tick tick tick tick tick tick tick tick tick tick tick tick tick stopp

16. Augenblick

Herr Wohllieb wacht in der Früh auf und kann nicht mehr schlafen. Seine Beine sind unruhig und wollen irgendwohin. Neben ihm liegt Sophie. Draußen schnaubt ein Pferd. Beides verunsichert Herrn Wohllieb. Leise krabbelt er aus dem Auto. Er stolpert über die Thermoskanne. Der Kaffee ist tatsächlich noch warm. Er schenkt sich eine Tasse ein. Der Himmel ist sehr blau. Unter seinen Füßen kitzelt das Leben. Vielleicht sind es auch Ameisen. Herr Wohllieb legt den Kopf in den Nacken und schaut in die Höhe: Ob Gott wohl auch schon auf ist? Vielleicht schaut Gott genau in diesem Moment auf die Welt, so wie Herr Wohllieb jetzt Richtung Himmel schaut. Dann würden sich ihre Blicke treffen. Ihm gefällt der Gedanke. Lächelnd hebt er seine Tasse, ein winziges Stück nur, als wollte er »Prost« sagen.

Dann hört er das Klacken der Autotür.

Sophie steht in einem petrolfarbenen Nachthemd in der Wiese und gähnt.

»Was tun Sie so früh?«

»Nichts Besonderes. Ich habe nur eben mit Gott einen Kaffee getrunken.«

10 Möglichkeiten, Gott zu treffen

1. *sich umgucken – vielleicht steht Gott hinter dir*
2. *schweigen und warten, dass sie redet*
3. *lieben*
4. *einen Schritt aufs Wasser wagen*
5. *das ABC buchstabieren*
6. *mit fremden Menschen reden*
7. *die Augen öffnen*
8. *in den Spiegel schauen*
9. *atmen*
10. *sich überwinden*

17. Gleichung

Herr Wohllieb würde Gott richtig gern einmal treffen. So von Angesicht zu Angesicht. Zum Beispiel am Ententeich. Da könnten sie zusammensitzen und Brotkanten ins Wasser werfen. Obwohl man das nicht mehr darf. Aber wenn Gott dabei ist, wäre es vielleicht nicht so schlimm.

Sophie fragt, worüber er mit Gott reden wolle, aber das Reden wäre Herrn Wohllieb gar nicht so wichtig. Er würde vor allem gern sehen, was für ein Typ Gott ist. Ob er Bart trägt (das ist ja wieder modern). Oder ob er eher wie ein zehnjähriges Mädchen aussieht.

Herr Wohllieb kann sehr lange über solche Sachen nachdenken, während er am Ententeich sitzt. Am Ende steht er auf, um Käse zu kaufen, und dann ist es fast so, als hätten sie tatsächlich zusammengesessen, er und Gott. Aber eben nur fast.

Wahrscheinich ist das auch gut so, denkt Herr Wohllieb. Weil es eine Übung ist, das Unbekannte zu lieben. Im Leben gibt es ja viel davon, viel mehr als Bekanntes. Wenn man das Unbekannte nicht mag, mag man die Welt nicht. Das wäre keine gute Voraussetzung für ein glückliches Leben. Manchmal kennt man sogar sich selbst nicht wieder. Und dann?

»Also ist Gott eine Gleichung mit Unbekannten«, sagt Sophie. Herrn Wohllieb gefällt das, obwohl er solche Gleichungen noch nie lösen konnte. Zum Glück muss er das heute auch nicht mehr. Das Leben ist schließlich keine Mathestunde. Leben mal Gott gleich Liebe, denkt er. Vielleicht so.

10 Rückseiten

1. *die Rückseite des Mondes (dunkel)*
2. *die Rückseite eines Versprechens (die Hintertür)*
3. *die Rückseite der Häuser an Bahnstrecken (vernachlässigt)*
4. *die Rückseite der Medaille (made in China)*
5. *die Rückseite eines klugen Kopfes (manchmal haarig)*
6. *die Rückseite einer Spielkarte (vielleicht gezinkt)*
7. *die Rückseite des Reichtums (die Armut anderer)*
8. *die Rückseite der Woche (Sonntag)*
9. *die Rückseite eines Hühnereis (nicht ermittelbar)*
10. *die Rückseite des Buchstabens b (d)*

18. Beginnen

»Was machen wir heute?«, fragt Herr Wohllieb, der es gewohnt ist, einem klar strukturierten Tagesablauf zu folgen. Hier ist alles durcheinander. Es gibt kein Hafermüsli zum Frühstück. Sie haben die Sieben-Uhr-Nachrichten verpasst. Herr Wohllieb trägt den zweiten Tag dasselbe Paar Socken. Seine Welt löst sich auf.

Sophie scheint davon nichts zu merken. Er würde sie gern fragen, wie lange sie ihn in ihrem Kastenwagen nächtigen lassen will und wo sie frischen Kaffee herbekommen werden. Aber etwas sagt ihm, dass das die falschen Fragen sein könnten.

»Wir üben das Leben«, sagt Sophie.

»Ach.« Herr Wohllieb weiß nicht, ob ihm wohl bei dem Gedanken ist. Bisher ist er mit seinem Leben ganz gut klargekommen.

»Wollen Sie nun das Paradies finden oder nicht?«

»Theoretisch schon ...«

»Dann fangen wir jetzt an. Tun Sie etwas, das Ihnen schwerfällt. Überwinden Sie sich. Vergessen Sie, was Sie wollen. Versuchen Sie ein Spiel. Vergeben Sie jemandem. Verschenken Sie Ihr Gepäck. Führen Sie einen Wunsch spazieren. Aber zerren Sie nicht an der Leine. Geben Sie sich eine Chance. Anderen auch. Setzen Sie etwas auf eine Karte. Singen Sie ein Lied. Hören Sie auf zu zählen. Stellen Sie etwas auf den Kopf. Möglicherweise sich selbst. Sie können natürlich auch etwas ganz anderes tun. Hauptsache, wir beginnen jetzt.«

10 Sachen, die den Alltag durcheinanderbringen

1. *Wenn die Lieblingsbuchhandlung umgeräumt hat und die Krimis jetzt bei Politik & Zeitgeschehen stehen.*
2. *Wenn du im Bioladen einfach nur Wasser kaufen willst und dich zwischen »Mondwasser«, »Vollmondwasser«, »Lichtwasser« und »Sonnenwasser« entscheiden musst.*
3. *Wenn der Paketdienst ankündigt, im Zeitfenster zwischen 8 und 18 Uhr zu kommen.*
4. *Wenn plötzlich ein Baby am Frühstückstisch sitzt.*
5. *Wenn die Duschgelflasche nur noch ein pupsendes Geräusch von sich gibt und du bereits tropfnass bist.*
6. *Wenn du plötzlich etwas magst, das du noch nie mochtest (Brokkoli, Hiphop, den Nachbarn).*
7. *Wenn sich der Eingang zur U-Bahn aufgrund der bereits seit einem halben Jahr vor sich hindümpelnden Großbaustelle schon wieder an einem neuen, geheimen Ort befindet.*
8. *Wenn die Spinne, die seit drei Wochen brav in ihrer Ecke saß, sodass ihr euch gerade auf eine friedliche Koexistenz geeinigt habt, plötzlich weg ist.*
9. *Wenn Raider plötzlich Twix und Twitter plötzlich X heißt.*
10. *Wenn Claudia auf einmal Claudio ist.*

19. Leben

Lebensläufe findet Herr Wohllieb seltsam. Jedenfalls jene, die man auf blütenweißes Papier tippt, um eine Arbeit zu finden. Da erfährt man, welchen Schulabschluss einer vor dreißig Jahren gemacht hat und dass er in Kleinbreuna geboren ist. Aber wo dein Herz schlägt, wo du deinen ersten Kuss geküsst hast, von welchen Abhängen du gesprungen und welche Eiszeiten du überlebt hast, das erfährt man nicht. Dabei könnte man schreiben: Hier habe ich mein krankes Kind gepflegt, und da habe ich einen schlimmen Liebeskummer überlebt. Am 31.7. habe ich mich in einen Streit eingemischt, obwohl ich mich fürchtete, und im Winter 2010 habe ich es gewagt, Nein zu sagen, obwohl alle ein Ja erwartet haben. Hier wurde ich zum Vegetarier oder zur Nichtraucherin, dort habe ich gelernt, wie man vergibt.

Für alles das gibt es keinen Abschluss.

Wozu auch?

Herr Wohllieb ist noch längst nicht fertig.

Woran du dich erinnern solltest

1. *den ersten Kuss (wenn er gut war)*
2. *was du nie wieder tun wolltest*
3. *dass es kein Zuckerschlecken war, 16 zu sein (und was du mit 56 nachholen willst)*
4. *die PIN-Nummer fürs Handy*
5. *oder wo der Zettel mit der PUK-Nummer liegt*
6. *wie der Name des guten alten Freundes ist, der jetzt vor dir steht*
7. *was du vor fünf Minuten gesagt hast*
8. *ob der Herd ausgeschaltet ist*
9. *wo die Bremse ist*
10. *wie du nie werden wolltest*

20. Finden

Herr Wohllieb sucht nicht gern. Er findet lieber. Suchen hat so etwas Drängendes, als hätte er ein Anrecht auf das Glück oder einen Schatz oder auch nur auf eine Antwort. Herrn Wohllieb wäre das peinlich. Als erwartete er, dass jemand die Dinge für ihn hinterlegt hat wie ein Paket bei der Post. Das Abholen ist ein bürokratischer Vorgang, man braucht einen Abholschein, und ausweisen muss man sich auch. Weil man nie da ist, wenn der Paketbote kommt, das ist eines der Mysterien des Lebens.

Herr Wohllieb hat viel übrig für Mysterien, weil sie davon erzählen, dass es eine Welt hinter der Welt gibt, in die du nicht einfach eintreten kannst, wenn es dir gerade passt. Es gibt keine Öffnungszeiten, sie ist nicht verfügbar. Manchmal öffnet sich für die Dauer eines Atemzugs ein Fenster, und du siehst Licht. Es wartet nicht. Entweder du bist dabei oder nicht. Das Einzige, was du tun kannst, ist, aufmerksam zu sein.

10 Vermutungen über Engel

1. *Ein Engel ist ein Er.*
2. *Ein Engel ist kein Er.*
3. *Ein Engel ist ganz anders:*
4. *eine Grenzgängerin,*
5. *ein Wegelagerer,*
6. *und manchmal ein gestelltes Bein,*
7. *unberechenbar,*
8. *unverfügbar,*
9. *ungreifbar.*
10. *Ein Engel ist ein Wort mit Flügeln.*

21. Alles

Sophie hatte noch nie einen Gott in ihrem Leben.

»Ich meine«, sagt sie, »ich habe nichts gegen Gott persönlich. Ich kenne ihn ja nicht näher. Es ist wie mit den Leuten, die in einem anderen Viertel wohnen. Wahrscheinlich sind sie nett, aber man hat mit ihnen nichts zu tun.

Für die Liebe habe ich zwei Katzen und fünf Lieblingsmenschen. Für die Vergebung Oma Hilde. Für den Trost eine rote Wolldecke und Frau Müller im Erdgeschoss und auch den Mann mit den sanften Augen, der nie wie ein Bettler aussieht, obwohl ein Becher mit Münzen vor ihm steht. Für die Sehnsucht habe ich die Weidenkätzchen und eine Tonfolge, die ich Ihnen jederzeit vorsingen könnte und die Sie möglicherweise läppisch fänden. Für die Geborgenheit habe ich den Geruch von Zimt und ein paar dicke Bücher, in denen ich zu Hause bin. Und dann ist da ja noch der wilde Oktoberhimmel oder die sanften Wolken im Mai, ganz wie Sie wollen. Für die Hoffnung habe ich diese kleinen dicken Vögel, die fliegen, obwohl man nicht weiß, wie das zugeht. Und die Geschichten der Kinder. Und das Dennoch so vieler. Verstehen Sie? Es ist ja alles da. Der Käseverkäufer auf dem Markt und Annis Telefonstimme und die Erinnerung an Uropa mit den sauren Drops und meinetwegen auch die Heilsarmee, die so unermüdlich ihre Weihnachtslieder singt.«

»Also Gott«, stellt Herr Wohllieb befriedigt fest.

10 Lebenssinne, die schön sein könnten

1. *Möglichst viele glücklich machen. Inklusive dir selbst.*
2. *Möglichst viel genießen. Karamellschokolade und Vogelgesang zum Beispiel.*
3. *Einer Berufung folgen (Kind begleiten, Versprechen halten, Kathedrale bauen).*
4. *Schmecken, sehen, riechen, hören, fühlen.*
5. *Lieben (alles inklusive Mücken und Griesgrame, versuchsweise).*
6. *Für eine Gesellschaft einstehen, die für alle einsteht.*
7. *Dich mit Gott anfreunden.*
8. *Entdecken, was es zu entdecken gibt.*
9. *Im Äußersten für jemanden zu sterben bereit sein.*
10. *Leben.*

22. Kanarienvogel

Seit Herr Wohllieb mit Sophie in ihrem Kastenwagen unterwegs war, vermisst er Sophie.

Seine Wohnung ist so still. Es kommt ihm vor, als würden ihn die alten Gewohnheiten, in denen er so lange zu Hause war, vorwurfsvoll angucken und sagen: »Du hast uns verraten. Jetzt sieh zu, wie du zurechtkommst.« Herr Wohllieb fegt ein paar Krümel zusammen, dann faltet er die Pyjamas, die darauf warten, frisch gewaschen in den Schrank gelegt zu werden. Er ertappt sich bei dem Gedanken, einen Kanarienvogel anzuschaffen.

»Bernd, Bernd«, murmelt er, »was willst du mit einem federlassenden Vogeltier?«

Er wundert sich über sich selbst.

Irgendwo hat er gelesen, Glauben sei die Fähigkeit, den Himmel zu vermissen. Herr Wohllieb vermisst Sophie. Ist Sophie der Himmel? Herr Wohllieb schüttelt den Kopf. Ein anderer Mensch bringt alles durcheinander, hatte er bisher immer gedacht. Und sich von Menschen ferngehalten. Vielleicht hat er sich geirrt. Und es ist genau umgekehrt. Wenn nun ein anderer Mensch die Lücke füllt, die er bisher nie bemerkt hatte? Und die jetzt, da sie wieder offen ist, umso offensichtlicher ist?

Sophie fehlt ihm, obwohl erst Freitag ist.

10 Lückenfüller

1. *ein Hanuta*
2. *zwei Folgen irgendeiner Serie*
3. *ein Gummibaum*
4. *eine Goldkrone (im Zahn)*
5. *etwas Mittelmäßiges*
6. *»sozusagen«*
7. *viele ~~wichtige~~ sehr wichtige Aufgaben*
8. *ein Smart*
9. *eine Alternative*
10. *das richtige Puzzleteil*

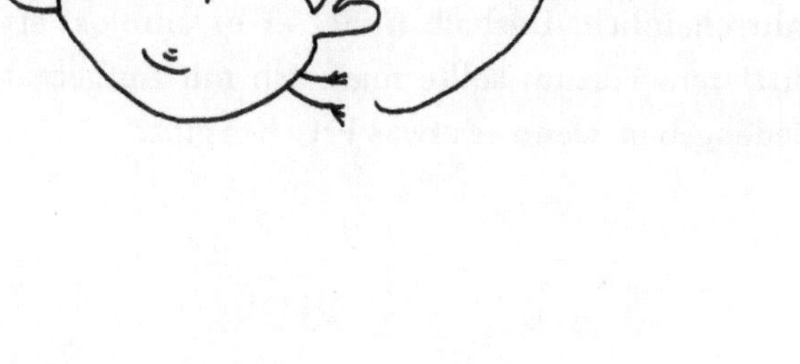

23. Vertrauen

Herr Wohllieb will nichts einfrieren. Nicht Sophies Rhabarberbaiser und auch keine Momente. Der Baiser schmeckt niemals wieder so gut wie frisch und die Momente auch nicht.

»Da hat man einen Vorrat für schlechte Tage«, sagt seine Schwester. Aber mittelguter Kuchen macht schlechte Tage auch nicht gut. Und eingefrorene Momente wärmen nicht. Herr Wohllieb vertraut auf frischen Kuchen, obwohl er nicht backen kann, und das ist ein ziemlich großes Vertrauen, weil der Kuchen nicht von ihm abhängt. Sondern davon, dass Sophie kommt oder irgendein anderes Wunder geschieht.

Schöne Momente sind solche, in denen plötzlich etwas zusammentrifft, das man nicht erwartet. Zum Beispiel ein Sonnenuntergang, während das Radio den Kanon von Pachelbel spielt. Sowas läuft selten im Radio. Oder der Geruch von frischer Wäsche, während die Nachbarskatze schnurrt. Herr Wohllieb mag diese Gleichzeitigkeiten, weil man sie nicht planen kann. Sie fallen vom Himmel. Dass der Himmel plötzlich schließt, findet Herr Wohllieb unwahrscheinlich. Deshalb findet er es sinnlos, etwas einzufrieren. Warum sollte man sich mit Aufgetautem zufriedengeben, wenn es etwas Frisches gibt?

10 Sachen, auf die du einfach vertrauen musst

1. *dass auf der anderen Seite Rot ist, wenn die Ampel grün ist*
2. *dass Hängebrücken über Abgründe regelmäßig kontrolliert werden*
3. *dass »Der-beißt-nicht« wirklich nicht beißt*
4. *dass Gott an sich glaubt*
5. *dass der Fisch tatsächlich frisch ist*
6. *dass du manchmal übers Wasser gehen kannst*
7. *dass du in allen anderen Fällen gut genug schwimmst*
8. *dass du geliebt wirst*
9. *dass es tatsächlich linksdrehende Bifidobakterien gibt*
10. *dass das Leben nicht so lebensgefährlich ist, wie es manchmal aussieht*

24. Gedankenspiel

Herr Wohllieb denkt gern. Dazu hat er ja sein Gehirn, und was da ist, soll man nutzen. Wenn man darüber nachdenkt, ob Einzeller eine Seele haben und – falls nicht – ab welcher Zellenzahl sich eine Seele lohnt, dann kann man zu ganz unterschiedlichen Erkenntnissen kommen. Zum Beispiel, dass die Wörter »lohnen« und »Seele« sich ausschließen.

Wenn Herr Wohllieb sich zwischen Wissen und Denken entscheiden müsste, dann würde er das Denken nehmen. Da hat man mehr Möglichkeiten.

Seine Schwester findet, dann kann man nicht mehr an einen Gott glauben. Weil Denken und Glauben einander ausschließen. Oder wie er erklären wolle, dass die Erde in sieben Tagen geschaffen sei?

Herr Wohllieb will das gar nicht erklären. Im Übrigen findet er den Gedanken seiner Schwester etwas kleingeistig, was er aber aus Höflichkeitsgründen für sich behält. Herrn Wohlliebs Gedanken zu Gott haben sich noch nie in biologischer Richtung bewegt. Auch wenn er davon ausgeht, dass Gott sich mit Biologie auskennt. Er selbst dagegen hatte eine Vier minus in Biologie, und womöglich war das bei den Leuten, die die Bibel aufgeschrieben haben, nicht anders. Was aber nichts macht, weil sie ja Dichter waren und nicht Biologen.

Vielleicht dachten sie: Nehmen wir die Sieben. Das ist eine schöne Zahl, sie ist unteilbar und setzt sich aus einer geraden und einer ungeraden Zahl zusammen. Das klingt nach Vollkommenheit. Später werden andere möglicherweise die sieben Zwerge und die sieben Weltwunder erfinden. Als Autor braucht man einfach starke Bilder. Als Autorin auch. Besonders, wenn man für Gott schreibt.

Wenn Herr Wohllieb darüber nachdenkt, kann er sich auch nicht vorstellen, dass Gott einen Grund hatte, sich mit der Schöpfung zu beeilen. Wer die Ewigkeit im Rücken hat, hat Zeit. Da kommt es auf ein paar Millionen Jahre wirklich nicht an.

10 Gedankenspiele

1. *Wenn der Himmel mitten unter uns ist, wo ist dann die Hölle?*
2. *Ist geträumtes Glück weniger wert als gelebtes?*
3. *Was würde ein Fels erzählen, wenn er reden könnte?*
4. *Kann man einem Menschen, der keine Vergebung will, vergeben?*
5. *Ist es leichter aufzuhören oder anzufangen?*
6. *Wenn Gott zum Kaffee einlüde, was würdest du mitbringen?*
7. *Ist es noch Freiheit, wenn du etwas brauchst, um dich frei zu fühlen?*
8. *Wenn du Wasser in Wein kippst, wird dann der Wein zu Wasser oder das Wasser zu Wein?*
9. *Ist Sehnsucht eher eine Sucht oder eine Suche?*
10. *Wann endet ein Anfang?*

25. Annehmen

Manchmal soll sich Herr Wohllieb für die Kreuzzüge rechtfertigen oder für das alttestamentarische Gesetz der Steinigung, das er nicht erfunden hat, nicht anwendet und auch nicht billigt. Auch die Hexenverbrennungen hätten seine Zustimmung nicht gefunden.

Herr Wohllieb glaubt, dass auch Gott mit diesen Vorkommnissen nicht einverstanden ist, ganz und gar nicht einverstanden. Jedenfalls nach seiner Einschätzung. Warum es Gott nicht gelungen ist, die Menschen davon abzuhalten, ist natürlich eine ganz andere Frage. Andererseits weiß jeder, der schon mal versucht hat, eine Gruppe Menschen von einer einmal gefassten Schnapsidee abzuhalten, wie schwierig ein solches Unterfangen ist. Schon der Vorschlag, ein paar Hühner leben zu lassen und ein fleischfreies Mittagessen zu sich zu nehmen, wird als Freiheitsberaubung betrachtet. Herr Wohllieb hatte schon immer eine Schwäche für Pfannkuchen, und die schmecken sowieso besser mit Apfelmus als mit Huhn.

Jedenfalls möchte Herr Wohllieb freundlich festhalten, dass er mit seiner Sympathie für Gott keine Kreuzzüge, Steinigungen oder die Ablehnung von Homosexuellen, Andersgläubigen, Unverheirateten oder Linksintellektuellen unterstützt. Er glaubt auch nicht, dass das in Gottes Sinn ist, erklärt sich aber gern bereit, bei nächster Gelegenheit nachzufragen.

10 Wahrheiten, die schön wären

1. *»Ab heute wird der Weltfrieden ausgerufen. Alle Waffen verlieren ab sofort ihre Gültigkeit.«*
2. *»Der Klimawandel findet nicht statt. Außer in Hamburg. Plus 5° Celsius.«*
3. *»Die Auferstehung aller netten Toten findet heute statt.«*
4. *»Pizza hat null Kalorien.«*
5. *»Alle Shitstorms haben Flaute.«*
6. *»Geld ist wertlos. Alle nehmen sich, was sie brauchen – unter Berücksichtigung von Punkt 1.«*
7. *»In Stieg Larssons Nachlass wurden überraschend 73 bisher unbekannte Krimis entdeckt.«*
8. *»Oh! Was machen denn die fünf süßen Katzenbabys in meinem Wohnzimmer?«*
9. *»Jesus ist zurück. Wunder gibt es täglich um 17 Uhr.«*
10. *»Alle Fahrraddiebe entschuldigen sich reumütig und verpflichten sich zu lebenslangem Fahrradputzen, wann immer es gebraucht wird.«*

26. Schwimmen

Wenn Herr Wohllieb sich ärgert, sieht Sophie das sofort. Herr Wohllieb ist nicht gut darin, Dinge zu verbergen.

»Ich weiß ja nicht, warum Sie sich ärgern«, sagt Sophie, »aber ich fürchte, es wird Ihren Nachmittag zerstören. Und leider ändert es auch nichts. Denn Sie ärgern sich ja selbst und niemanden anders. Und sehen Sie, selbst wenn Sie jemanden anders ärgern würden, würde es auch nichts besser machen. Im Gegenteil. Es ist genau so, als würden Sie saure Milch in frische kippen. Von mir aus auch saure Milch in noch saurere. Wie immer Sie es drehen, die Milch bleibt sauer, und Sie bleiben es auch, und nichts ist gewonnen.

Ich an Ihrer Stelle würde schwimmen gehen. Das ändert die Welt auch nicht. Aber es kühlt ab. Einen kühlen Kopf kann man immer brauchen, besonders bei Ärger.«

Herr Wohllieb erinnert sich nicht, wann er zum letzten Mal schwimmen war. Aber er erinnert sich, wann er sich zum letzten Mal geärgert hat. Schöner wäre es andersherum.

10 vergebliche Liebesmühen

1. *Fruchtfliegen fangen*
2. *Niesen unterdrücken*
3. *gemocht werden wollen von Leuten, die du selber nicht magst*
4. *aus Sellerie etwas Gutes kochen*
5. *brüllen, um eine Meinung zu verdeutlichen*
6. *nicht an rosa Elefanten denken, wenn jemand sagt: denk nicht an rosa Elefanten*
7. *sich einzureden versuchen, Trockenfrüchte seien Gummibärchen*
8. *alles richtig machen*
9. *versuchen, eine Bastelarbeit so hinzubekommen, wie sie auf Instagram aussieht*
10. *laubsaugen*

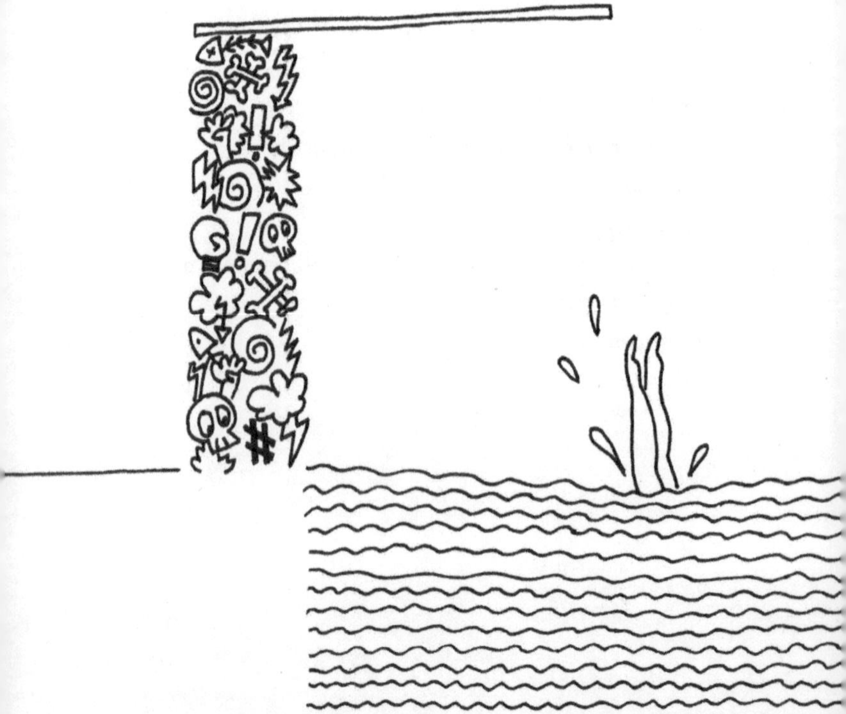

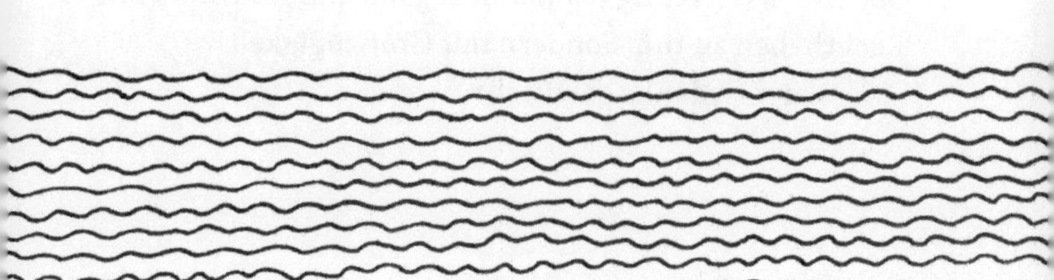

27. Wunder

Dass Gott einen sonderbaren Sinn für Gerechtigkeit hat, fand Herr Wohllieb schon immer. Jedenfalls findet er es schwer ersichtlich, warum die Letzten die Ersten sein sollen. Wenn Herr Wohllieb in einer Schlange steht und dann drängelt sich einer vor, findet er das überhaupt nicht gut und schon gar nicht gerecht. Andererseits, muss er zugeben, findet er es in bestimmten Situationen schon nett, wenn jemand ihn vorlässt. Zum Beispiel wenn er ganz dringend zur Toilette muss oder den Zug erreichen will und noch eine Fahrkarte braucht.

»Vielleicht«, schlägt Sophie vor, »braucht manchmal jemand ganz dringend ein Stück Himmel, und das Wunder ist nicht, dass Ihr Gott die Sache regelt und den Armen nach vorn schiebt. Sondern dass dieser Gott etwas im Ersten anrührt, das ihn sagen lässt: ›Komm, nimm meinen Platz. Ich brauche ihn gerade nicht so dringend.‹ Dann«, schließt Sophie ihren Gedanken, »hätte das, was Sie Gottes Gerechtigkeit nennen, ganz und gar nichts mit Rechthaben zu tun. Sondern mit Großzügigkeit.«

Und der Gedanke gefällt ihr.

10 KLEINE GROSSZÜGIGKEITEN

1. *mehreren Menschen die Tür aufhalten*
2. *über den falschen Gebrauch eines Fremdwortes weghören, weil du es auch so verstanden hast*
3. *Euros in Hüte werfen*
4. *eine Verbeugung andeuten*
5. *eine Restaurantrechnung durch die Anzahl der Anwesenden teilen, auch wenn du selbst nur einen Salat hattest*
6. *beim Öffnen einer zweiten Kasse einfach stehen bleiben, wo du bist*
7. *Komplimente verteilen*
8. *Gott verzeihen*
9. *ein paar Kirschen den Vögeln lassen*
10. *»Liebe Grüße« statt »LG« schreiben*

28. Apfelkuchen

Man müsste Gott trösten, denkt Herr Wohllieb. Wegen der Unordnung der Welt. Nur wie tröstet man, wenn man weiß, dass der Schmerz wiederkommt? Wenn man weiß, dass die Unordnung bleibt?

»Die Welt ist eben schlecht«, würde Herr Wohlliebs Schwester sagen und mit den Schultern zucken, als ob sie das alles nichts anginge. Dann würde sie sich abwenden, um das ganze Elend nicht zu sehen. Und genau das könnte Gott ja auch tun und in die Tiefen des Universums schauen, dorthin, wo die Sterne funkeln und alles blank und schwarz ist. Alle könnten das tun, die es schön und aufgeräumt wollen, die den Dreck und die Einbrecher leid sind und die Spekulantinnen und die rechten Hetzer und die Raser mit ihrem Machogehabe und die Kälte in den Augen eines Mörders.

Ich auch, denkt Herr Wohllieb. Ich könnte »Auf Wiedersehen« sagen, »macht doch was ihr wollt, aber lasst mich aus dem Spiel«. Und dann könnte ich eine Mauer bauen und dahinter könnte ich es mir schön machen, und die anderen blieben draußen und hätten selber Schuld.

Aber Gott würde traurig den Kopf schütteln, während sie ein Blech Apfelkuchen in den Ofen schiebt. »Das geht nicht«, würde Gott sagen, »wir sind eine Familie, und die heißt Welt. Da kann man niemand rauswerfen, auch nicht Onkel Erich. Selbst der gehört dazu.« Dann würde Gott den Tisch decken, so viele Tassen hinstellen, wie sie finden kann, und obwohl Gott weiß, dass es gleich wieder Streit geben wird, würde sie anfangen, die Sahne zu schlagen.

10 Trotzdems

1. *trotzdem das Schöne dem Billigen vorziehen*
2. *trotzdem Butter unter die Marmelade streichen*
3. *trotzdem die Sommersonne im März genießen*
4. *trotzdem den Himmel preisen*
5. *trotzdem Knoblauch essen*
6. *trotzdem weiter üben*
7. *trotzdem miteinander reden*
8. *trotzdem Fremden vorurteilsfrei begegnen*
9. *trotzdem eine Wahl treffen*
10. *trotzdem neue Vorsätze fassen*

29. Liebe

»Ich finde, ›richtig‹ ist ein unnützes Wort«, sagt Sophie, und Herr Wohllieb überlegt, ob er es richtig findet, so was zu sagen.

Herr Wohllieb ist von Natur aus ein vorsichtiger Mensch. Es ist der fünfte Abend, an dem sie zusammen Rotwein trinken. Fünf Abende und fünf Flaschen Rotwein: Herr Wohllieb weiß nicht, ob er das richtig findet, weil er 57 Jahre seines Lebens Fencheltee getrunken hat. Der macht den Magen warm, aber den Kopf nicht leicht.

»Was ist schon richtig?«, fragt Sophie.

»Na ja«, schlägt Herr Wohllieb schüchtern vor, »ehrlich zu sein. Freundlich. Rücksichtsvoll.«

»Das ist gut«, sagt Sophie.

»Ist das nicht dasselbe?«

Sophie schüttelt den Kopf. »Überhaupt nicht. Gut ist die Liebe und richtig ist das Gesetz. Wenn man liebt, braucht man kein Gesetz.«

Da wird Herrn Wohllieb warm ums Herz, und seine Wangen röten sich. Das wird wahrscheinlich vom Rotwein kommen.

10 Sachen, die man aufgeben könnte

1. *Angst vor Sachen zu haben (dunkler Keller, dunkle Gedanken)*
2. *zu vergleichen (irgendwas ist immer besser)*
3. *einen Liebesbrief (mit der Post)*
4. *zu rauchen (und leckerer küssen)*
5. *Kaugummi zu kauen (sieht doof aus)*
6. *den Klodeckel hochgeklappt zu lassen*
7. *schlechte Bücher erst zu Ende lesen zu wollen, bevor du ein neues beginnst (wie viele schöne Bücher du dabei verpasst ...)*
8. *schlecht über andere zu reden*
9. *dich ständig schuldig zu fühlen (nervt alle)*
10. *»man« zu sagen*

30. Einsiedlertage

Mittwochs ist Herrn Wohlliebs Einsiedlertag. Donnerstags auch.

»Du musst unter die Leute gehen«, sagt seine Schwester, aber Herr Wohllieb weiß nicht, was er da soll. Er fühlt sich in guter Gesellschaft mit sich selbst. Außerdem kommt dienstags ja schon Sophie.

»Ich an deiner Stelle würde mich langweilen«, sagt seine Schwester, und es klingt vorwurfsvoll. Als wäre das Universum dazu da, sie zu unterhalten. Herr Wohllieb unterhält sich an solchen Tagen mit dem Buchfinken, den Tauben auf dem Fenstersims, dem nächtlichen Mond, dem Flirren des Staubs. Er steht im Austausch mit den knarrenden Dielen und der Tageszeitung.

Deshalb hält seine Schwester ihn für verrückt. Herrn Wohllieb stört das nicht übermäßig. Er nennt das Widerhall, so wie man auf Holz klopft und einen Ton hört. Alles in der Welt erzeugt Widerhall. Weil alles miteinander verbunden ist. Herr Wohllieb hat mal gelesen, dass der Flügelschlag eines Schmetterlings einen Wirbelsturm auslösen kann. Herr Wohllieb weiß nicht, ob das stimmt. Aber selbst wenn es nur ein sanfter Luftzug ist, spürt man etwas. Und Herr Wohllieb spürt es am besten an seinen Einsiedlertagen.

10 schöne Einsamkeiten

1. *eine Hütte am See*
2. *ein Abend allein zu Haus in Gesellschaft von Ben & Jerry's*
3. *eine Schweigewoche im Kloster*
4. *die letzte im Schwimmbad zu sein*
5. *sehr früh morgens aufzuwachen, kein anderes Licht brennen zu sehen und das Gefühl von geschenkten Stunden zu haben*
6. *während eines WM-Endspiels irgendwo draußen zu sein, wo kein Fernseher ist*
7. *am Weihnachtsabend noch mal kurz in den Wald zu gehen*
8. *möglicherweise die Wüste (sofern man sich nicht verirrt)*
9. *ein Hochsitz*
10. *mit nur zwei anderen Gästen, die weit entfernt sitzen, im Kino zu sein*

H

31. Zweisam

»Braucht man ihn eigentlich, Ihren Gott?«, fragt Sophie.

Herr Wohllieb hat sich das noch nie gefragt. Man braucht Luft zum Atmen und Wasser zum Trinken. Zur Not geht auch Orangensaft. Ansonsten gibt es viele Dinge, die man nicht braucht. Eine elektrische Orangenpresse zum Beispiel. Oder einen automatischen Luftbefeuchter.

Letztens las Herr Wohllieb einen Artikel über den ungeheuren Nutzen von Superfood. Der befremdete ihn. Alles, was super ist, macht ihn skeptisch. Als würden die Dinge herumbrüllen: »Wir sind toll!« Wer will schon brüllendes Essen?

Herr Wohllieb ist sehr dankbar, dass Gott nicht herumbrüllt. Auch wenn manche Leute das behaupten. Ihm gefällt seine zurückhaltende Art. Gott scheint sich nicht aufdrängen zu wollen, und er preist sich auch nicht an wie einen Sack Äpfel im Sonderangebot. Man darf selbst entscheiden, ob man Gott braucht.

»Ich weiß es nicht«, sagt Herr Wohllieb deshalb zu Sophie. »Dass man Gott braucht, würde ich nicht behaupten.«

»Ach«, sagt Sophie.

»Aber es macht das Leben irgendwie ... aufregender.« Das ist ein großes Wort für Herrn Wohllieb und auch ein ungewöhnliches. Er fügt hinzu: »Weil man immer schon mal zu zweit ist.«

»Sie meinen, Sie haben einen imaginären Freund?«

Herr Wohllieb zögert. »Ich würde sagen, es kommt darauf an. Wenn Sie sich Gott vorstellen, ist er imaginär. Wenn Sie ihn fühlen, ist er real.«

10 Menschen, die man braucht

1. *eine gute Zahnärztin (es darf auch ein Zahnarzt sein)*
2. *Freundinnen von Freunden, um genügend Leute für eine spontane Spielerunde zusammenzutrommeln*
3. *eine Oma, die weiß, wie man Pfannkuchen macht, Hosen umnäht und Herzen heilt (und sei's in der Erinnerung)*
4. *einen, den du nachts um drei anrufen kannst*
5. *eine, die sich auskennt*
6. *einen Bruder oder eine Schwester (die bleiben meistens ein Leben lang)*
7. *einen, der auch mal fragt, ob du das jetzt ernst meinst*
8. *einen Pastor oder eine Pastorin, falls du heiraten oder beerdigt werden willst*
9. *eine, mit der du reisen kannst*
10. *eine Schokoladenfabrikantin*

32. Zimmerblumen

Herr Wohllieb war noch nie gut in Wahrscheinlichkeitsrechnung. Das liegt wahrscheinlich daran, dass er sie nicht mag. Was man nicht mag, kann man selten gut. In Herrn Wohllieb sträubt sich alles dagegen, zu berechnen, wie wahrscheinlich die Liebe ist oder der Weltfrieden oder auch nur, dass sein Fahrrad am Bahnhof geklaut wird. Was wahr ist, kann man nicht berechnen. Wahres entzieht sich, seiner Erfahrung nach, meistens den Regeln der Logik.

»Schließen Sie Ihr Fahrrad an«, rät Sophie, und Herr Wohllieb nickt. Er hat ein Herz für Schnecken, Träumer und geflickte Bettlaken, nicht jedoch für Diebe. Wenngleich er einräumt, dass auch ein Dieb ein reizender Mensch sein kann, der Gulaschsuppe kocht und für die Nachbarn die Blumen gießt. Jedenfalls nach Feierabend. Aber seinen Beruf heißt Herr Wohllieb nicht gut.

Insofern tut er, was er kann, und hat sich ein robustes Schloss zugelegt. Überhaupt findet er, dass es ein gutes Prinzip ist, einfach zu tun, was möglich ist, anstatt zu rechnen, ob es sich lohnt. Blumen, insbesondere Zimmerblumen, lohnen sich genau genommen schließlich auch nicht.

10 Sachen, die radikal sind, aber nicht verletzen

1. *akzeptieren, dass Glück Sein ist – und dass zum Sein auch das Unglück gehört*
2. *wegen der CO_2-Bilanz auf Flugreisen verzichten und damit leben, dass du einen Teil der Welt nie sehen wirst*
3. *darüber nicht traurig sein, weil es allein in Nordrhein-Westfalen mehr Orte gibt, als du je in deinem Leben besuchen könntest*
4. *an das Gute in jedem Menschen glauben, auch wenn die Umstände das Gegenteil bezeugen – selbst in einem Mörder (unmöglich!)*
5. *das Unmögliche nicht ausschließen*
6. *keine Garantie verlangen, vor allem nicht fürs Leben,*
7. *sondern sein wie Hans im Glück*
8. *sich nicht zu schade für einen Putzjob sein,*
9. *weil es Situationen gibt, in denen das die größere Freiheit sein könnte*
10. *nüchtern einsehen, dass du das Wenigste davon schaffst, und trotzdem nicht den Glauben daran aufgeben*

33. Luft

»Wie fühlt man Gott?«, fragt Sophie.

Herr Wohllieb ist manchmal etwas überfordert von Sophies Fragen. Möglicherweise liegt es daran, dass es in seinem Leben bisher niemanden gab, der ihm Fragen stellte. Und seine eigenen Fragen wiederum sind selten dazu geeignet, ihn selbst zu überraschen. Sophies Fragen überraschen ihn, und vor allem überraschen ihn seine Antworten. Er hat keine Ahnung, woher sie plötzlich kommen.

»Am besten«, sagt er, »man setzt sich in einen Sessel und wartet, dass man was fühlt.«

»Kann man dabei stricken?«

Herr Wohllieb hat noch nie gestrickt, aber seiner Erfahrung nach ist es in siebzehn von achtzehn Fällen schwierig, zwei Sachen gleichzeitig mit ganzem Herzen zu tun.

Sophie denkt einen Moment darüber nach, wie es wäre, ohne Strickzeug in einem Sessel zu sitzen. »Und wenn man nun nichts fühlt, das sich wie Gott anfühlt? Nur den Luftstrom eines schlecht schließenden Fensters oder das zwickende Knie oder ein Unbehagen, das, wenn man ihm nachgeht, mit einem unangenehmen Gespräch zu tun hat, das man am Vormittag geführt hat?«

»Das könnte«, sagt Herr Wohllieb schüchtern, »doch schon ein Anfang sein.«

10 Sachen, die man fühlen kann

1. *ein nahendes Gewitter*
2. *dass gerade jemand im Raum war*
3. *Sonne auf der Haut*
4. *Blicke im Nacken*
5. *dass es Zeit ist, etwas zu ändern*
6. *dicke Luft*
7. *dass jemand etwas sagen möchte, es aber nicht tut*
8. *das Nebeneinander von Gedanken und Wünschen, die sich widersprechen*
9. *plötzliche Geborgenheit*
10. *dass der Schlaf dich gleich überwältigen wird*

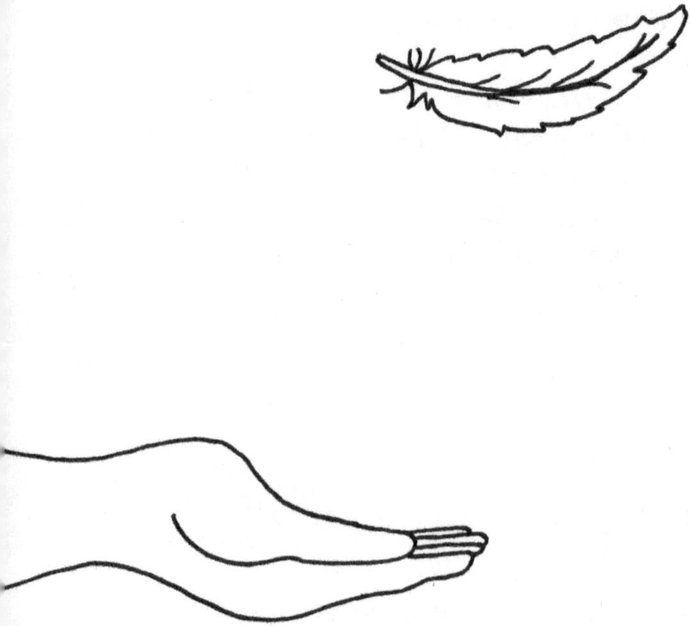

34. Meditation

Wenn Herr Wohllieb sich beruhigen will, schält er Kartoffeln. Andere meditieren. Das geht so ähnlich. Man braucht nicht viel: ein Messer und Aufmerksamkeit. Herr Wohllieb schält langsam eine Girlande, eine Runde und noch eine Runde, und ist ausgesprochen befriedigt, wenn sie nicht reißt. Das kann man sonderbar finden, denn die Girlanden sind ja zu nichts nütze. Sie wandern in den Kompost, und da sieht sie niemand. Aber darauf kommt es auch nicht an.

Ein Pfund Kartoffeln zu schälen, das ist nicht heroisch. Es erfordert keine besonderen Kenntnisse, und niemand wird bei Tisch sagen: »Oh, die Kartoffeln hast du aber vorzüglich geschält.« Wer Kartoffelschäler ist, von dem wird erwartet, dass er mindestens den geheimen Wunsch hat, Millionär zu werden. Das ist wie beim Tellerwäscher. Sonst gilt er nicht nur als gescheitert, sondern hat es auch nicht anders verdient.

Deshalb eignet sich das Kartoffelschälen so gut zum Meditieren. Es erdet. Hier ist die Kartoffel, hier ist das Messer, und wenn sich Herrn Wohlliebs Gedanken zu weit entfernen, dann schneidet er sich in den Finger. Herr Wohllieb mag kein Blut sehen. Allein schon deswegen ist er gut im Meditieren.

10 Übungen

1. *im Zug einfach nur dasitzen und der Versuchung widerstehen, auf dem Handy herumzutippen*
2. *die Geduld aufbringen, den Kaffee (die Suppe, den Grießbrei) so lange abkühlen zu lassen, dass man sich nicht die Zunge verbrennt*
3. *vor einer Kerze sitzen und es schaffen, nicht am warmen Wachs zu knibbeln*
4. *nicht gähnen, obwohl jemand anders gähnt*
5. *eine Tür nicht einfach (mit mehr oder minder lautem Knall) zuziehen, sondern die Klinke benutzen*
6. *auch in Wutsituationen darauf verzichten, in Wenn-dann-Kategorien zu sprechen*
7. *die abgebrannten Streichhölzer nicht zurück in die Schachtel legen*
8. *den Marshmallow nicht essen*
9. *»Kaufen Sie mehr, dann sparen Sie noch mehr!« ignorieren*
10. *Ruhe bewahren*

35. Küssen

»Haben Sie eigentlich schon mal übers Müssen nachgedacht?«, fragt Herr Wohllieb an einem trägen Sonntagnachmittag, an dem man definitiv nichts muss.

»Nein«, sagt Sophie. »Müsste ich?«

Herr Wohllieb hat Zitronenbrause gemacht, die passt vorzüglich zu Sophies Rhabarberkuchen. Er saugt nachdenklich an seinem Strohhalm. »Mir ist aufgefallen, dass ›müssen‹ wie ›küssen‹ klingt. Jedenfalls fast. Dabei sind das zwei völlig unterschiedliche Dinge. Sie schließen sich geradezu aus. Niemand muss küssen.«

Seit Herr Wohllieb Sophie kennt, werden seine Gedanken immer verwegener.

»Stellen Sie sich vor, jede Sache, die Sie meinen tun zu müssen, würden Sie stattdessen küssen.« Er errötet ein bisschen. »Im übertragenen Sinn natürlich.«

»Also, ich würde den Abwasch küssen, die Sicherungskopie meiner Festplatte, die Frau in der Warteschleife, die Zahnpflegerin …«, probiert Sophie. »Interessant. Ein einziger Buchstabe kann die Welt verändern.«

10 Gedanken übers Wollen

1. *wollen soll man immer*
2. *aber manchmal will man nicht wollen*
3. *denn wenn wollen sollen wird, klappt es nicht mehr*
4. *wollen sollen ist müssen*
5. *müssen braucht man nicht zu wollen*
6. *sonst müsste man ja nicht mehr müssen*
7. *wenn man also plötzlich will, was man muss,*
8. *oder muss, was man will,*
9. *dann könnte man sich freuen*
10. *denn was will man mehr?*

36. Nachtisch

Herr Wohllieb hasst Supermärkte. Woher soll man wissen, welche der 52 Nudelsorten die richtige ist? Es gibt verwirrend viele Gänge, die man alle durchstreifen muss auf der Suche nach einem Paket Reis. Am Ende liegen drei Tütensuppen und ein Sparschäler für Artischocken im Wagen, und man weiß nicht, warum.

Dennoch betritt Herr Wohllieb hin und wieder einen Supermarkt, weil er nicht verhungern will. Als er seinen Wagen durch die Reihen schiebt, verspricht ein Glas Apfelmus 20 Prozent mehr Inhalt. Auch sein Joghurt hat zugelegt: »50 Gramm Extraschlemmen«. Da stutzt Herr Wohllieb, denn bisher entsprach ein Becher Joghurt der idealen Nachtisch-Menge.

Vielleicht will ich ja gar nicht mehr, denkt Herr Wohllieb, weil mir dann schlecht wird. Ein Glas Schokocreme zum Beispiel reicht für genau drei Wochen, jedenfalls nach Herrn Wohlliebs Berechnungen. Was ich dann essen will, weiß ich noch nicht. Eventuell Hering in Senfsoße. Wer weiß schon, worauf er in drei Wochen Appetit hat? Wenn ein Glas plötzlich 40 Prozent mehr Inhalt enthält, müsste ich also mehr Schokocreme pro Tag essen. Und dann würde mir schlecht.

»Ja«, wendet Sophie ein, »aber stellen Sie sich vor, Sie erhielten plötzlich 40 Prozent mehr Leben. Das wäre doch nicht so schlecht …«

»Woher wüsste ich denn, wie es gemeint ist? Bedeuten 40 Prozent, ich bekäme zu meinen statistischen 78 Jahren weitere 31,2 Jahre dazu? Was, wenn mich in diesen

31 Jahren ständig Zahnschmerzen quälten? Und selbst wenn alles weiterginge wie bisher – wer sagt denn, dass Glück größer wird, wenn es länger dauert?«

10 Wahrheiten über Zeit

1. *Wenn man schneller lebt, ist man schneller tot.*
2. *Keine Zeit zu haben ist eine akzeptierte Entschuldigung, keine Lust zu haben.*
3. *Jesus wurde 4 vor Christus geboren. (Wahrscheinlich.)*
4. *Je nach Temperament ist es beruhigend oder beängstigend, dass, egal, wie lange man lebt, die Ewigkeit immer länger ist.*
5. *Auch mit über vierzig stellt sich morgens gegen halb zehn ein gutes Gefühl ein, weil da vor Jahren die große Pause begann.*
6. *»Das Zeitliche segnen« klingt schön, meint aber trotzdem »sterben«.*
7. *Zeitlosigkeit gibt es am ehesten in den klassischen Comics. Niemand altert, gebiert oder stirbt.*
8. *Auch ein geregelter Zeitablauf hinterlässt irgendwann nichts als Leere.*
9. *Wenn man auf etwas wartet, sind die letzten zwei Tage unerträglicher als die vorangegangenen drei Wochen (drei Monate, drei Jahre).*
10. *Blumen sind, kurz bevor sie welken, am schönsten.*

37. Verdauung

»Wussten Sie, dass ein Koala fünfzehn Stunden schläft und sich dann noch mal fünf Stunden ausruht?«

»Nein, das wusste ich nicht«, erwidert Herr Wohllieb, der just in diesem Moment sein Küchenfenster putzen will und deshalb nur mittelgut gelaunt ist. Aber es ist Montag, der erste Montag im Juli, und am ersten Montag jedes Monats putzt Herr Wohllieb seine Fenster. Was in diesem Fall besonders misslich ist, weil die Sonne scheint und Streifen hinterlassen wird. Deshalb hat Herr Wohllieb für Koalas jetzt keine Zeit.

Aber Sophie lässt sich nicht beirren. »Er hängt sich in einen Baum und spart Energie. Dabei ist er nicht faul. Im Gegenteil: Er muss das tun, weil die Eukalyptusblätter, die er isst, so schwer zu verdauen sind. Ohne ausreichend Energie würde ihn das umbringen. Ein Koala ist also nur ein gesunder Koala, wenn er genügend rumhängt.«

»Und?«, fragt Herr Wohllieb, während er Wasser in einen Eimer laufen lässt.

»Und wenn es beim Menschen ganz genauso ist? Irgendwann braucht man Zeit zum Verdauen. Nicht wegen der Eukalyptusblätter im Bauch, aber wegen der unverdauten Gefühle und der unfertigen Gedanken und wegen der unausgegorenen Ideen. Ich glaube«, nickt Sophie nachdrücklich, »Sie sollten sich wirklich den Koala zum Vorbild nehmen und ein bisschen rumhängen.«

10 Alltagsfreiheiten

1. *morgens ohne Wecker aufstehen*
2. *rote Ampeln als Vorschlag betrachten*
3. *zu einem elend unfreundlichen Menschen ausgesucht höflich sein*
4. *in der Stadt leben und einen riesigen Fuhrpark vor der Tür haben (U-Bahn, S-Bahn, Bus, Stadtrad, Taxi, Flugzeug, Leihautos)*
5. *Müßiggang betreiben*
6. *in einem schwarzen Raum sitzen (oder einem Vortrag über den Säure-Basen-Haushalt der Haut lauschen) und dich nicht langweilen*
7. *nur das Gelbe vom Ei essen*
8. *denken (und ein Universum im Kopf haben)*
9. *eine Woche lang mit fünf Euro auskommen und nichts entbehren*
10. *den Ort mögen, an dem du schläfst, isst, bist (und dir nicht überlegen, wo du lieber wärst)*

38. Inseln

Sonntage sind Inseln des Glücks. Es gibt Rosinenbrötchen mit Butter, und Herr Wohllieb bittet die Vögel um ein Pfeifkonzert. Meistens singen sie von selbst. Dann lehnt er sich zurück und schließt für fünf oder sieben Minuten die Augen und ist für niemanden erreichbar.

Sonntags tut Herr Wohllieb Dinge, die niemandem nutzen. Nicht mal ihm selbst. Er hält seine Füße in die Sonne, und wenn es regnet, lässt er es regnen. Er klappt ein Buch auf und liest eine Seite an einer beliebigen Stelle. Dann stellt er sich vor, wie die Geschichte weitergeht, und schon sind anderthalb Stunden verschwunden, um die Herr Wohlllieb gar nicht traurig ist, denn an einem Sonntag gibt es ein Recht auf Verschwinden. Niemand sollte Auskunft geben müssen – nicht, was er macht, nicht, was er denkt, nicht, was er plant. Sonntags geht die Seele spazieren.

Herrn Wohlliebs Schwester sagt, das habe einen Nutzen. Einen sehr großen sogar. Die Psychologie wisse, dass jeder Mensch solche Auszeiten brauche, sonst werde er krank. Man müsse sich also sogar solche Zeiten nehmen. Ihre Stimme hat dabei einen vorwurfsvollen Ton, als wäre Herr Wohllieb schuld daran, dass sie all die Jahre sonntags die Bügelwäsche gemacht hat. Aber Herr Wohllieb will nichts davon wissen, nichts von der Bügelwäsche und nichts vom Müssen.

Muße kommt nicht von Müssen, denkt er und steht auf, um zu schauen, ob sich nicht noch ein Schokoplätzchen im Schrank findet.

10 Möglichkeiten zu verschwinden

1. *die Augen schließen*
2. *auf Flugmodus schalten*
3. *beige tragen*
4. *mit Rucksack und Zelt das Haus verlassen*
5. *alle Social-Media-Kanäle verlassen*
6. *ein Kaninchen als Stellvertreter wählen*
7. *schlafen*
8. *eine Bahn tauchen*
9. *bei Anruf so tun, als wärst du die Mailbox*
10. *kurz mal jemand anderes sein*

39. Danke

Sophie sagt jetzt jeden Abend Danke. Erst fand sie das komisch. Als Kind sollte sie sich immer bedanken, sogar für Sachen, die sie in Wahrheit gar nicht mochte. Tante Elfis selbstgestrickte Socken zum Beispiel, die immer so schrecklich an den Waden kratzten. Aber jetzt ist Sophie erwachsen und kann selber entscheiden, wofür sie dankbar ist. Und das ist ganz schön viel. Das überrascht sie, denn eigentlich ist sie kein gefühlsseliger Mensch.

Sie hat beschlossen, jeden Abend drei Dinge zu finden, die ihren Tag heller gemacht haben. Das ist ein schöner Tagesabschluss, und man glaubt gar nicht, wie viele Möglichkeiten es da gibt. Selbst dann, wenn der Tag nur mittelschön war. Jedenfalls hat sie noch nie zuvor darüber nachgedacht, wie dankbar sie für die Erfindung des Radios ist. Oder für eine Decke, die wirklich warm hält. Dafür, dass es Momente von Glück im Unglück gibt. Bisher war sie immer der Meinung: Nur wer glücklich ist, kann dankbar sein. Vielleicht, denkt sie jetzt, ist es genau andersherum: Wer danken kann, ist glücklich.

Ausgesorgt

1. *Es gibt auf der Welt mehr zu entdecken, als Lebenszeit zum Entdecken ist.*
2. *Es gibt mehr zu verstehen, als du je verstehen wirst.*
3. *Es gibt immer mehr Fragen als Antworten.*
4. *Es gibt mehr Menschen, als du kennenlernen kannst.*
5. *Sollte dich jemand doof finden, gibt es noch rund acht Milliarden andere, die dich möglicherweise nett finden.*
6. *Es gibt mehr Bücher, als du lesen kannst,*
7. *mehr Brausedrops, als du lutschen kannst,*
8. *mehr Wege, als du gehen kannst.*
9. *Es wird also nie langweilig.*
10. *Wer so denkt, hat ausgesorgt.*

40. Vergnügen

Morgens um sieben steht Gott in der Tür und fragt: »Was machen wir heute?« Aber Herr Wohllieb winkt ab: »Ich bin so müde, mach nur allein.« Gott sieht ein bisschen enttäuscht aus: »Jetzt habe ich draußen die ganze Welt aufgebaut, komm schon! Schlafen kannst du, wenn du tot bist!«

Doch da muss Herr Wohllieb widersprechen, was er nicht oft tut. »Schlaf«, sagt er, »Schlaf kennst du eben nicht, denn du schläfst und schlummerst nicht. Schlaf ist das zweitschönste Ding direkt nach der Liebe: Es kommt noch vor Zartbitterschokolade essen oder Katzen kraulen; es ist ein wenig besser, als sich in ein Buch zu versenken, und vielleicht sogar besser, als in der Sonne zu liegen. Wobei das gut zusammenpasst – Sonne und Schlaf.« Da knipst Gott die Sonne an, und Herr Wohllieb rückt die Kissen zurecht, und sie dösen vor sich hin und haben miteinander einen sehr vergnüglichen Vormittag.

10 Meditationen

1. *Lieblingssekunde*
2. *Lieblingssekunde*
3. *Lieblingssekunde*
4. *Lieblingssekunde*
5. *Lieblingssekunde*
6. *Lieblingssekunde*
7. *Lieblingssekunde*
8. *Lieblingssekunde*
9. *Lieblingssekunde*
10. *to be continued*

© privat

Susanne Niemeyer, geb. 1972, ist meistens Hellseherin. Von ihrem Hamburger Schreibtisch hält sie Ausschau nach dem Himmel. Als freie Autorin hat sie mehrere Bücher veröffentlicht und bloggt auf www.freudenwort.de. Während ihrer kreativen Schreibreisen nach Schweden, auf einsame Inseln oder in die Alpen sammelt sie neue Ideen und inspiriert andere dazu, eigene Geschichten zu schreiben.

FSC
www.fsc.org
MIX
Papier | Fördert gute Waldnutzung
FSC® C014496

Völlig überarbeitete Taschenbuchneuausgabe 2024

www.herder.de

Die Illustrationen sind von Susanne Niemeyer
Umschlaggestaltung: Designbüro Gestaltungssaal
Umschlagmotiv: © rtguest – shutterstock
Satz: mittelstadt 21, Vogtsburg-Burkheim
Herstellung: GGP Media GmbH, Pößneck
Printed in Germany

ISBN (Print) 978-3-451-03466-4
ISBN (EPUB) 978-3-451-81247-7